AF269673

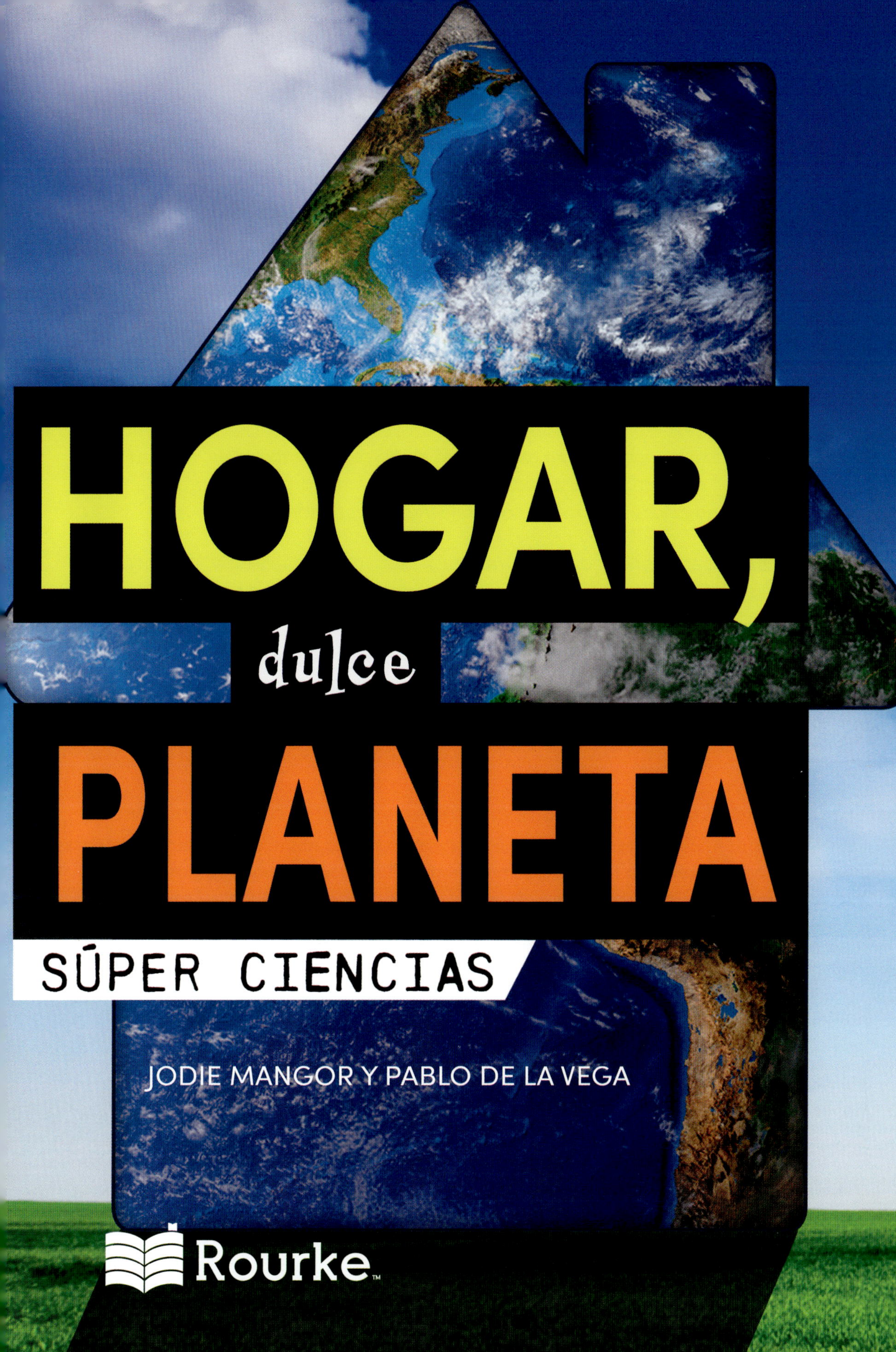

HOGAR, dulce PLANETA
SÚPER CIENCIAS
JODIE MANGOR Y PABLO DE LA VEGA
Rourke

de la ESCUELA a la CASA
DE ROURKE

ANTES Y DURANTE LAS ACTIVIDADES DE LECTURA

Antes de la lectura: *Desarrollo del conocimiento del contexto y el vocabulario*

Construir el conocimiento del contexto puede ayudar a los niños a procesar la nueva información y a usar la que ya conocen. Antes de leer un libro es importante utilizar lo que ya saben los niños acerca del tema. Esto los ayudará a desarrollar su vocabulario e incrementar su comprensión de la lectura.

Preguntas y actividades para desarrollar el conocimiento del contexto:

1. Ve la portada del libro y lee el título. ¿De qué crees que trata este libro?
2. ¿Qué sabes de este tema?
3. Hojea el libro y echa un vistazo a las páginas. Ve el índice, las fotografías, los pies de foto y las palabras en negritas. ¿Estas características del texto te dan información o te ayudan a hacer predicciones acerca de lo que leerás en este libro?

Vocabulario: *El vocabulario es la clave para la comprensión de la lectura*

Use las siguientes instrucciones para iniciar una conversación acerca de cada palabra.

- Lee las palabras del vocabulario.
- ¿Qué te viene a la mente cuando ves cada palabra?
- ¿Qué crees que significa cada palabra?

Palabras del vocabulario:
- *biocombustibles*
- *cambio climático*
- *combustibles fósiles*
- *dispositivos*
- *elementos*
- *gases de efecto invernadero*
- *orgánicos*
- *tóxicos*

Durante la lectura: *Leer para entender y conocer los significados*

Para lograr una profunda comprensión de un libro se anima a los niños a que usen estrategias de lectura detallada. Durante la lectura, es importante hacer que los niños se detengan y establezcan conexiones. Esas conexiones darán como resultado un análisis y entendimiento más profundos de un libro.

 ## Lectura detallada de un texto

Durante la lectura, pida a los niños que se detengan y hablen acerca de lo siguiente:

- Partes que sean confusas.
- Palabras que no conozcan.
- Conexiones texto a texto, texto a ti mismo, texto al mundo.
- La idea principal de cada capítulo o encabezado.

Anime a los niños a usar las pistas del contexto para determinar el significado de las palabras que no conozcan. Estas estrategias los ayudarán a aprender a analizar el texto más minuciosamente mientras leen.

Cuando termine de leer este libro, vaya a la penúltima página para ver las **Preguntas relacionadas con el contenido** y una **Actividad de extensión**.

ÍNDICE

LA VIDA FÁCIL

Somos muy afortunados. Vivimos en una era llena de comodidades.

Tenedores de plástico, **dispositivos** electrónicos, lo que se te ocurra. Estas cosas nos ahorran tiempo y esfuerzo. Afectan cómo trabajamos, compramos y jugamos.

Estamos tan acostumbrados a ellos que muchas veces ni siquiera los notamos.

Hacen que nuestra vida sea más sencilla. ¿Pero son siempre buenos? Mira algunas de sus ventajas de cerca.

¿Qué haces cuando tienes moqueo nasal? Puedes tomar una pañuelo desechable y limpiarte la nariz con él. Luego lo colocas en la basura.

Los productos de papel son ideales para limpiar cosas desagradables. Las toallas de papel son muy prácticas para limpiar los accidentes de tus mascotas. Las servilletas te ayudan a tener limpias las manos y la nariz. Los platos y vasos de papel hacen que los días de campo sean más fáciles. ¿Qué haríamos sin el papel higiénico?

Usamos estas cosas y nos deshacemos de ellas. Pero se requieren enormes cantidades de energía para hacer productos de papel y crean muchos desperdicios.

El plástico es una gran invención. Es resistente y ligero. Puede ser moldeado de muchas maneras. Mira a tu alrededor. ¡Está en todas partes! Las envolturas plásticas nos ayudan a mantener fresca la comida. Usamos bolsas de papel para llevar muchas cosas. Si nos da sed, podemos comprar botellas de plástico llenas de agua.

Reduce, reusa y recicla
Puedes ayudar a mantener los vertederos y el medio ambiente libres de plástico. Recicla y usa menos objetos desechables.

El mundo produce 335 millones de toneladas (304 mil millones de kilos) de plástico al año. Para ello se usan muchos **combustibles fósiles**. Esto contribuye al **cambio climático**. Muchísimo plástico es desechado en la basura, pero el plástico no se descompone como el papel sino que puede durar cientos de años. Se mete en el ambiente y se queda ahí por muchísimo tiempo.

La Tierra se calienta
El cambio climático es el proceso por el cual la tierra se calienta cada vez más. Esto es causado principalmente por la quema de combustibles fósiles. Los gases liberados crean un especie de cubierta en la atmósfera, lo que impide que el calor del Sol regrese al espacio.

La electricidad es una parte muy importante de nuestra vida. Mira en tu casa. ¿Qué está conectado a las tomas de corriente? El refrigerador, las luces. Quizá también tengas una lavaplatos, una televisión y más. ¿Te imaginarías vivir sin estas cosas?

Hacer y enviar electricidad afecta al medio ambiente. Algunas plantas de energía queman carbón, gas natural o petróleo. Esto produce **gases de efecto invernadero** que contribuyen al cambio climático. Algunas plantas de energía usan energía nuclear. Producen desechos peligrosos. La electricidad también puede ser obtenida del viento, el Sol y el agua. Pero estas fuentes solo pueden producir electricidad cuando están disponibles.

Es posible que conozcas a mucha gente que tiene teléfonos celulares.

Facilitan mantenernos en contacto y puedes mandar mensajes de texto o llamar desde cualquier lugar y en cualquier momento. Los teléfonos celulares son útiles en emergencias. También puedes tomar fotos con ellos, navegar por Internet y más. Son muy prácticos.

Pero los teléfonos celulares están hechos de **elementos** terrestres escasos. Obtener estos materiales daña al medio ambiente. Para procesarlos, se usan químicos dañinos.

El litio, un metal contenido en las baterías de los teléfono celulares, proviene de minas como esta.

El Internet es ideal para el aprendizaje. Puedes encontrar enormes cantidades de información. Hay libros educativos, juegos y vídeos.

Pero mientras más usan la computadora los niños, menos activos son. Pasan menos tiempo al aire libre y están menos conectados a la naturaleza.

Desconéctate
¡La naturaleza es un lugar ideal para el aprendizaje! Mientras más tiempo pases en ella, más la entenderás y querrás cuidarla.

DIRECTO HACIA TI

¿Quieres comprar ese juego difícil de encontrar? Antes, tenías que ir de tienda en tienda buscando lo que querías. Ahora lo puedes hacer en línea. Pulsas un botón y te será entregado a la puerta de tu casa. ¡Así de fácil!

Pero las compras en línea producen mayor tráfico de vehículos. Los vehículos de entregas contaminan el aire. Liberan gases de efecto invernadero y contribuyen al cambio climático.

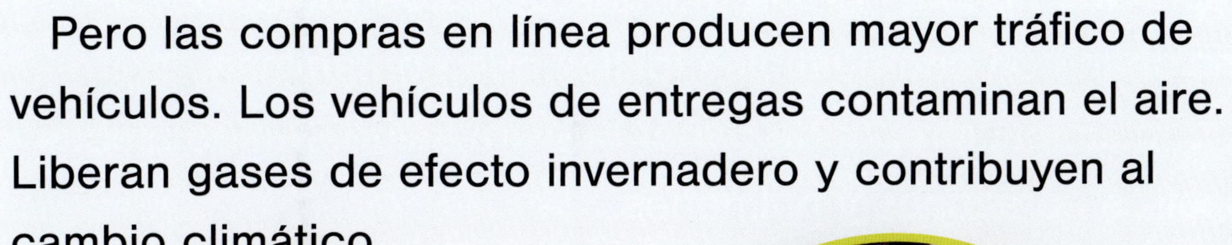

Compra hasta el cansancio
Haz que tus compras sean mejores para el medio ambiente. Compra en tiendas locales, camina a ellas o ve en bicicleta.

¿Necesitas ir a algún lado? Con los autos, trenes, autobuses y aviones modernos podemos ir más rápido y lejos que nunca. Pero la mayoría de estos vehículos funcionan con combustibles fósiles que contaminan el aire. La contaminación puede dañar nuestra salud. Puede afectar nuestros corazones y pulmones.

Para producir combustible de avión se usa petróleo, un combustible fósil.

Muchos diseñadores trabajan arduamente para hacer vehículos más amables con el medio ambiente. Algunos autos recientes utilizan **biocombustibles**. Estos combustibles están hechos de cosechas alimenticias y otro tipo de desechos **orgánicos**. Algunos autos usan electricidad. Muchas ideas más están en proceso.

Abre el grifo y sale agua. El agua corriente es una comodidad a la que estamos acostumbrados. La usamos para beber, cocinar y limpiar.

Imagina tu vida sin tuberías dentro de casa. En muchos lugares, la gente tiene que acarrear el agua. La cantidad de agua dulce de la Tierra es limitada. Es poca la que podemos usar.

En India, algunas mujeres pasan varias horas cada día transportando agua a sus hogares.

¡Ni una gota de desperdicio!
Puedes ahorrar agua en casa. No dejes el grifo abierto mientras te cepillas los dientes o lavas los trastes. Usa solo el agua que necesites.

De viejo a nuevo

¡Convierte una botella de plástico vacía en una maceta linda y creativa! Evitarás que la botella termine en la basura y agregarás un poco de verde a tu vida.

Qué necesitas

- botellas de plástico vacías
- tijeras
- pintura
- pinceles
- pegamento
- cinta adhesiva
- cuerda
- hilo o limpiapipas
- marcatextos
- piedrecillas
- tierra para macetas
- una planta pequeña

Directions

1. Mira tu botella de plástico. Piensa cómo la convertirás en maceta. ¿A qué se parecerá? ¿A un animal? ¿A la cara de una persona?

2. Pide a un adulto que te ayude a hacer los agujeros que sean necesarios en cada una.

3. Usa los materiales de arte para decorar los contendores.

4. Coloca algunas piedrecillas en el fondo del contenedor. Llénalo con tierra para macetas.

5. Siembra una planta pequeña en tu maceta.

6. Riégala con un poco de agua y mira cómo crece.

GLOSARIO

biocombustibles: Combustibles hechos de materiales renovables como plantas o desperdicios de animales.

cambio climático: Cambios en los patrones climáticos de la Tierra, incluido el calentamiento global.

combustibles fósiles: Combustible (como el carbón, el petróleo o el gas natural) que se forma en las profundidades de la Tierra a partir de restos animales o vegetales.

dispositivos: Mecanismos o artefactos que hacen determinadas tareas.

elementos: Sustancias naturales que no pueden ser divididas en sustancias más simples.

gases de efecto invernadero: Gases que contribuyen al calentamiento global, como el dióxido de carbono y el metano.

orgánicos: Producido por seres vivos.

tóxicos: Venenosos.

ÍNDICE ALFABÉTICO

PREGUNTAS RELACIONADAS CON EL CONTENIDO

1. Menciona tres comodidades que la gente da por hecho.

2. ¿Cómo pueden dañar al medio ambiente los teléfonos celulares?

3. ¿Qué tiene de positivo y de negativo usar productos de plástico?

4. Menciona dos fuentes de energía usadas para producir electricidad.

5. Menciona tres maneras de ahorrar agua en tu casa.

ACTIVIDAD DE EXTENSIÓN

Haz una lista de todas las cosas que hay en tu casa que usan energía. Ahora haz una lluvia de ideas de cómo usar menos energía. ¿Puedes abrir las cortinas para que entre la luz del Sol en lugar de encender las luces de casa? ¿O secar tu ropa colgándola en lugar de usar la secadora? Comparte tus ideas con tu familia.

ACERCA DE LA AUTORA

Jodie Mangor escribe artículos de revista y libros para niños. También es autora de guiones para audioguías de museos de alto nivel y de destinos turísticos en todo el mundo. Muchas de esas guías turísticas son para niños. Vive en Ithaca, Nueva York, con su familia.

rourkebooks.com

PHOTO CREDITS: page 3, 22: ©ManAsThep; page 4(a): ©Scukrov; page 4(b): ©BrianAJackson; page 4(c): ©Luhuanfeng; page 5: ©baona; page 6: ©Kristian Sekulic; page 7: ©Detailfoto; page 8-9: ©panaramka; page 8: ©JaniBryson; page 9(b): ©luigigiodano; page 10: ©hikesterson; page 11: ©zhonggou; page 12: ©Mark Bowden; page 13: ©Skyhobo; page 13(b): ©Phaelnogueira; pages 14-15: ©Fertnig; page 15: ©Avalon_Studio; pages 16-17: ©DarthArt; page 17: ©huePhotography; page 18: ©lowellSannes; page 18(b): ©Hirkophoto; page 19: ©LeManna; page 20: ©hadynyah; page 20(b): ©dentalfilled; page 21: ©undefined undefined

Editado por: Laura Malay
Diseño de la tapa e interior: Rhea Magaro-Wallace
Traducción: Pablo de la Vega

Library of Congress PCN Data

Hogar, dulce planeta / Jodie Mangor
(Súper ciencias)
 ISBN 978-1-73165-472-4 (hard cover)
 ISBN 978-1-73165-523-3 (soft cover)
 ISBN 978-1-73165-556-1 (e-book)
 ISBN 978-1-73165-589-9 (e-pub)
Library of Congress Control Number: 2022940982

Rourke Educational Media
Printed in the United States of America
01-0372311937

24